D1460343

OTTAWA PUBLIC LIBRAR
DISCARDED / ELIMINÉE
BIBLIOTHÈQUE PUBLIQUE

Indiens d'Amérique

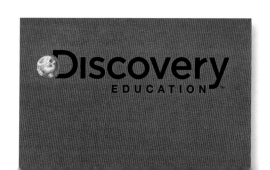

UN LIVRE WELDON OWEN

© 2011 **Discovery Communications**, LLC.
Discovery Education™ et le logo **Discovery Education**
sont des marques déposées de Discovery
Communications, LLC, utilisées sous licence.
Tous droits réservés.

Conçu et réalisé par
Weldon Owen Pty Ltd
59-61 Victoria Street, McMahons Point
Sydney NSW 2060, Australie

Édition originale parue sous le titre
Life in a Tepee
© 2011 Weldon Owen Pty Ltd.

Traduction de Sylvie Deraime
© Édition Gallimard Jeunesse, France

© 2012 pour l'édition française au Canada
Les Éditions Petit Homme, division du Groupe Sogides inc.
filiale de Quebecor Media inc. (Montréal, Québec)

09-12
Tous droits réservés
Dépôt légal : 2012
Bibliothèque et Archives nationales du Québec

ISBN 978-2-924025-17-8

POUR L'ÉDITION ORIGINALE
WELDON OWEN PTY LTD
Direction générale Kay Scarlett
Direction de la création Sue Burk
Direction éditoriale Helen Bateman
Vice-président des droits étrangers Stuart Laurence
**Vice-président des droits Amérique
du Nord** Ellen Towell
Direction administrative des droits étrangers
Kristine Ravn
Éditeur Madeleine Jennings
Secrétaires d'édition Barbara McClenahan, Bronwyn
Sweeney, Shan Wolody
Assistante éditoriale Natalie Ryan
Direction artistique Michelle Cutler, Kathryn Morgan
Maquettiste Stephanie Tang
Responsable des illustrations Trucie Henderson
Iconographe Tracey Gibson
Directeur de la fabrication Todd Rechner
Fabrication Linda Benton et Mike Crowton
Conseiller Philip Wilkinson

DISTRIBUTEUR EXCLUSIF :
Pour le Canada et les États-Unis :
MESSAGERIES ADP*
2315, rue de la Province
Longueuil, Québec J4G 1G4
Téléphone : 450-640-1237
Télécopieur : 450-674-6237
Internet : www.messageries-adp.com
* filiale du Groupe Sogides inc.
filiale de Quebecor Media inc.

Catalogage avant publication de Bibliothèque et
Archives nationales du Québec et Bibliothèque et
Archives Canada

Costain, Meredith
    Indiens d'Amérique
    Traduction de: Life in a tepee.
    Comprend un index.
    Pour les jeunes.
    ISBN 978-2-924025-17-8
    1. Indiens d'Amérique - Ouvrages pour la jeunesse. I.
Titre.
ES8.4.C6714 2012   j970.004'97
C2012-940188-9

Gouvernement du Québec – Programme de crédit
d'impôt pour l'édition de livres – Gestion SODEC –
www.sodec.gouv.qc.ca

L'Éditeur bénéficie du soutien de la Société de
développement des entreprises culturelles du Québec
pour son programme d'édition.

 Conseil des Arts   Canada Council
        du Canada   for the Arts

Nous remercions le Conseil des Arts du Canada de l'aide
accordée à notre programme de publication.

Nous reconnaissons l'aide financière du gouvernement
du Canada par l'entremise du Fonds du livre du Canada
pour nos activités d'édition.

Imprimé et relié en Chine.

Indiens d'Amérique

Meredith Costain

petit homme
Une compagnie de Quebecor Media

Sommaire

Habitants des Grandes Plaines

Plus de trente peuples amérindiens vivaient dans les Grandes Plaines de l'Amérique du Nord, une immense région s'étendant des contreforts froids des montagnes Rocheuses, au nord-ouest, jusqu'à la vallée du Mississippi, plus chaude, au sud. Les Cheyennes, les Blackfeet ou les Sioux y chassaient et cultivaient le maïs. Ils habitaient dans des tipis, des tentes coniques faites de peaux de bison tendues sur des perches en bois.

Tente familiale

L'entrée du tipi était orientée à l'est, face au soleil levant et à l'abri des vents d'ouest. Chaque famille avait son propre tipi, qui formait un seul grand espace de vie dans lequel tenaient tous ses biens.

Des territoires contrastés

Les peuples amérindiens étaient dispersés à travers tout le continent, des côtes glacées de l'Arctique aux terres chaudes du Sud-Est. Les Grandes Plaines se trouvent au centre de cette carte.

SUBARCTIQUE
ARCTIQUE
CÔTE NORD-OUEST
PLATEAU
GRAND BASSIN
CALIFORNIE
GRANDES PLAINES
NORD-EST
SUD-OUEST
SUD-EST

L'aération
Le haut du tipi s'ouvrait pour évacuer la fumée du foyer.

US ET COUTUMES

Si la porte d'un tipi était ouverte, c'était signe que les visiteurs étaient les bienvenus. En entrant, les hommes gagnaient leur place par la droite, les femmes, par la gauche. Nul ne se serait avisé de passer entre le feu et une autre personne. Quand l'hôte nettoyait sa pipe, il était temps pour les visiteurs de partir.

Un cercle ouvert
Le camp de tipis formait un C dont la partie ouverte était toujours tournée vers l'est.

L'entrée
Une peau, que l'on écartait facilement, protégeait l'entrée du tipi, en forme d'ovale ou de V.

Le feu
Le foyer était installé juste au-dessous du trou d'aération. Du bois était empilé près de l'entrée.

Nomades

Quand il fallait lever le camp pour trouver à manger ou fuir des ennemis, les tipis étaient vite démontés et pliés. Ils étaient transportés sur des travois, longtemps tirés par des chiens, formés de deux perches entre lesquelles une peau était tendue. Puis les Amérindiens utilisèrent des chevaux, introduits sur le continent par les conquérants espagnols. L'hiver, ils se servaient de traîneaux et de raquettes pour se déplacer dans la neige.

Chiens-esprits

Les habitants des Grandes Plaines accordaient une grande valeur aux chevaux, qu'ils appelaient «chiens-esprits» ou «chiens-médecine». Ces animaux permettaient de se déplacer rapidement pour chasser le bison et l'antilope ou faire la guerre. Les hommes montaient en général à cru. Les femmes utilisaient des selles, souvent richement décorées.

Bateaux amérindiens
Pour la pêche ou le transport, les Chumash de Californie se servaient de canoës en planches de pin. D'autres peuples fabriquaient des embarcations en écorce de boulot ou évidaient des troncs de cèdre. Les *bullboats* des Mandans (ci-dessous) étaient faits de peaux de bison tendues sur une armature en saule.

UN LANGAGE DES SIGNES

À mesure que les premiers habitants d'Amérique du Nord se séparèrent en différents groupes, leur langage évolua et de nouvelles langues se développèrent. Pour communiquer entre tribus voisines, négocier la paix ou parler commerce, les Amérindiens inventèrent un langage dans lequel les gestes des mains remplaçaient les mots.

| Bonjour | Monter à cheval | Paix | Ami |

La chasse au bison

L e bison occupait une place essentielle dans la vie des peuples des Grandes Plaines. Toutes les parties de l'animal étaient utilisées. On en mangeait bien sûr la viande. Et sa peau était utilisée pour fabriquer les tipis et les habits. Des os, on faisait des outils et des patins pour les traîneaux. Les cornes devenaient des ustensiles de cuisine ou de la poudre à fusil ; l'estomac, une marmite ; la graisse, du savon ou de quoi s'éclairer. La bouse alimentait le feu.

UN PRÉCIPICE À BISONS

Une méthode de chasse utilisée depuis la préhistoire consistait à forcer les bisons à se diriger vers le bord d'une falaise. Là, les bêtes affolées se jetaient dans le vide. Le précipice de Head-Smashed-In, au Canada, est un site amérindien célèbre.

Bisons dirigés vers un précipice

Techniques de chasse

Certains chasseurs effrayaient les bisons pour les obliger à se précipiter du haut d'une falaise ou pour les piéger dans la neige profonde. Les bêtes pouvaient aussi être attirées dans un ravin par un homme déguisé en bison, puis tuées à la lance. Quand les hommes chassaient à cheval, armés d'arcs ou de fusils, ils s'approchaient le plus possible du bison visé afin de lui décocher une flèche.

Le savais-tu ?

Les chasseurs des Plaines n'abattaient jamais un bison sans remercier les esprits. Ils considéraient que les animaux abattus s'étaient sacrifiés pour leur permettre de survivre.

Se nourrir

Tandis que les hommes chassaient, les femmes cueillaient des baies sauvages ou déterraient des racines. Elles cuisinaient ou préparaient les aliments pour les conserver, en prévision des rudes mois d'hiver durant lesquels la chasse et la cueillette étaient plus difficiles. On ne mangeait pas à heures fixes mais quand on avait faim, après une bonne chasse ou quand des visiteurs se présentaient. La nourriture était toujours partagée équitablement même quand il y en avait peu.

LE SÉCHAGE AU SOLEIL

Pendant les mois les plus chauds, une partie de la viande de bison était mise de côté. Les femmes la coupaient en fines bandes qu'elles suspendaient sur des cadres de bois ou qu'elles étendaient sur des plateformes, pour les laisser sécher au soleil. Le poisson, les baies sauvages, le maïs et d'autres légumes étaient conservés de la même manière.

La cueillette

Chaque jour, les femmes passaient des heures à cueillir des fruits ou des plantes sauvages comestibles. Une partie des baies étaient écrasées avec de la viande séchée et de la graisse pour faire du pemmican, qui se conservait plusieurs mois.

Marmites et poêles

Les femmes cuisinaient souvent dehors. Le pain de maïs était cuit dans un four en terre. La viande pouvait être rôtie au-dessus du feu ou bouillie. On la plaçait alors dans une fosse, à l'intérieur d'un estomac de bison ou dans une peau formant un récipient, avec de l'eau et des pierres chaudes. Les colons européens diffusèrent dans les tribus, grâce au troc, des marmites, casseroles et poêles en métal ainsi que des bouilloires en cuivre, plus commodes.

Des baies à profusion
L'alimentation des Amérindiens comprenait plus de 40 variétés de baies sauvages, dont les myrtilles et les framboises.

Le maïs
Certaines tribus cultivaient du maïs. Les femmes broyaient les grains de cette céréale pour en faire des galettes ou du pain.

Se vêtir

L es habits de tous les jours étaient très pratiques. Hommes et femmes portaient une longue tunique sur des jambières. Les femmes pouvaient préférer revêtir une robe ample, les hommes s'habiller simplement d'un pagne. L'hiver, tous s'emmitouflaient dans des manteaux. Ces vêtements étaient cousus dans des peaux de cerf, de bison, d'élan ou de lapin assemblées au moyen d'aiguilles en os et de fil tiré de tendons d'animaux.

LE TANNAGE DES PEAUX DE BISON

Les peuples des Plaines utilisaient surtout des peaux de bisons tannées. D'abord, les femmes tendaient la peau, puis elles la raclaient pour en retirer la graisse et la chair. Elles imprégnaient ensuite la peau de cervelle cuite, avant de la laisser sécher au soleil. L'étape finale consistait à assouplir la peau en la tirant de part et d'autre d'une branche d'arbre.

À chacun son style
Chaque peuple amérindien avait son style vestimentaire. Ce chef et son épouse sont des Blackfeet («Pieds Noirs»).

Peau de bison
tannée et décorée

Des mocassins ornés de perles
Les mocassins pouvaient avoir des semelles souples ou plus rigides. Ils étaient décorés avec des piquants de porc-épic ou des perles.

Tenue de cérémonie

Pour les occasions spéciales, hommes et femmes revêtaient des robes de cérémonie en peau de daim souple, décorées de franges et de piquants de porc-épic. Les chefs et les meilleurs guerriers de certains peuples des Plaines portaient des coiffes en plumes d'aigle, ornées de queues d'hermine et de piquants ou de perles.

La coiffe de guerre
Ce guerrier des Plaines arbore sa coiffe de guerre et son bâton à coups. Il a gagné chaque plume de sa coiffe en accomplissant un acte de bravoure.

Grandir

Les mères vaquaient à leurs activités tout en portant leur bébé sur leur dos. Toute la famille – tantes, oncles et grands-parents – veillait sur les enfants plus grands. Ceux-ci n'allaient pas à l'école, mais ils apprenaient beaucoup en imitant les adultes. À treize ans, ils savaient tout ce dont ils avaient besoin pour devenir des membres actifs du clan familial.

Histoire orale

L'histoire d'un peuple et d'une tribu se transmettait oralement de génération en génération. Certains récits relataient par exemple les actions d'un ancêtre héroïque.

Générations unies
La famille se rassemblait autour d'un ancien pour l'écouter raconter les contes et légendes qui expliquaient comment étaient apparus les hommes, les animaux et les plantes.

Jeux de balle
Les hommes disputaient parfois toute une journée des parties de lacrosse. Ce jeu, appelé aussi «le petit frère de la guerre», était rapide et violent. Il existait bien d'autres jeux qui permettaient aux hommes et aux jeunes garçons de développer leur habileté et d'éprouver leur force, leur courage et leur endurance.

Poteaux de but

Balle en cuir de cerf

Crosse pourvue d'un filet

Le nom du bébé était souvent choisi par les anciens du clan et non par les parents.

L'ÉDUCATION DES ENFANTS

Tous les adultes participaient à l'éducation des enfants. Les garçons apprenaient à fabriquer armes et outils, à chasser et à se battre. Les filles étaient formées à la préparation des aliments, à la poterie, au vannage des grains, à la couture ou au travail des perles. Garçons et filles apprenaient aussi les danses de leur tribu.

L'art de l'archer
Les jeunes garçons sioux apprenaient à tirer à l'arc en prenant pour cible un lapin.

Les pow-wows

Les pow-wows rassemblaient périodiquement les tribus dispersées d'un même peuple. C'était l'occasion de célébrer le « cercle de la vie » par des fêtes à chaque saison avec des banquets, des compétitions sportives, des cérémonies et des danses rythmées par les tambours. Aujourd'hui, les pow-wows permettent aux Amérindiens de garder vivantes leurs traditions et d'affirmer leur identité.

La tradition continue
Les pow-wows sont joyeux. Ils se déroulent dans toute l'Amérique du Nord et sont l'occasion de danser, de chanter et de mettre en valeur l'artisanat amérindien. Souvent, toute la communauté aide à l'organisation du pow-wow qui se tient dans sa région. Les danseurs traditionnels participent à de nombreux rassemblements au cours de l'été.

Pareils à des cœurs qui battent, les tambours relient musiciens, chanteurs et danseurs.

LA CÉRÉMONIE DU CALUMET

Pendant les pow-wows, les Amérindiens fumaient rituellement le calumet, une longue pipe bourrée d'herbes sacrées. La fumée était un message adressé aux esprits. On demandait ainsi leur aide en prévision d'une chasse, d'une guerre à mener, d'un traité de paix ou d'un accord commercial.

Pipe sacrée
Le fourneau du calumet était en argile, en bois ou en stéatite, une pierre tendre ; le tuyau, en bois.

Le cercle de la vie

Le pow-wow, qui célèbre le « cercle de la vie », est installé en rond. Les danseurs et les joueurs de tambour prennent place dans un premier cercle autour d'un espace central, les spectateurs forment un deuxième cercle. Des stands et des tipis sont également installés en cercle, un peu plus à l'extérieur.

La spiritualité

L es Indiens des Plaines veillaient à vivre en harmonie avec le monde naturel, à respecter la terre et les animaux. Ils croyaient avoir été créés, comme les autres êtres vivants, par le Grand Esprit, qu'ils vénéraient. Pour eux, tout possédait un esprit : le ciel, la terre, les plantes, les animaux, et même les cours d'eau et les montagnes. Les Indiens communiquaient avec les esprits à travers la danse, le chant et la prière.

Le savais-tu ?

L'Oiseau-Tonnerre était un esprit très puissant : c'est lui, croyaient les Amérindiens, qui déclenchait le tonnerre et les éclairs d'un battement d'ailes.

La danse du Soleil

Seuls les hommes prenaient part à la danse du Soleil. Pendant plusieurs jours, au début de l'été, ils dansaient en offrande au Grand Esprit afin que celui-ci accorde ses bienfaits à la tribu. Chez certains peuples des Plaines, les danseurs sautaient ou rampaient autour d'un poteau tout en regardant le soleil.

Des anciens respectés

Les Amérindiens respectaient
le savoir et l'expérience des
hommes âgés. Ainsi le chef
de clan ou de tribu prêtait une
attention toute particulière
à l'avis des guerriers les plus
expérimentés et des anciens
qui connaissaient l'art
de guérir et possédaient
la connaissance spirituelle.

Cercle symbolique

Ce guerrier shoshone porte la tenue
traditionnelle. Le cercle entourant l'œil
du cheval est un symbole qu'on retrouve
souvent chez les Indiens des Plaines, pour
qui le Grand Esprit a fait rond tout ce qui
existe dans le monde naturel : le soleil,
le ciel, la lune, la terre. Le cercle est aussi
celui de la vie et de la mort.

Les guérisseurs

Lorsqu'un Amérindien était malade, il était soigné par un chaman, appelé aussi homme- ou femme-médecine. Le chaman connaissait les plantes médicinales et les rituels de guérison. Il communiquait avec les esprits, qui l'aidaient et le guidaient. Il invoquait aussi les esprits pour obtenir leur protection pour le clan.

Les préparations médicinales
Tout en préparant un remède, ce chaman chante et agite un grelot pour inciter les esprits à lui venir en aide. Pour soigner, il utilise des feuilles broyées, de l'écorce ou des racines réduites en poudre.

La danse chamanique de l'Élan
Ce type de danse permettait d'appeler
les esprits, ici celui de l'élan, pour obtenir
une guérison ou le retour de la pluie
après une longue période de sécheresse.

CHAMAN ET CHEF RÉPUTÉ

Le chef sioux Tatanka Iotake, plus connu
sous le nom de Sitting Bull («Taureau assis»),
est l'un des Amérindiens les plus célèbres.
Il était respecté pour son intrépidité à
la guerre mais aussi pour sa générosité
et sa sagesse. Sitting Bull devint chaman
vers l'âge de vingt ans. Il avait une grande
foi dans le pouvoir des visions.

Un grand chef
Sitting Bull (1831-1890) fut choisi comme
chef des tribus sioux fédérées en 1867.

La panoplie de guérisseur
Les chamans conservaient
leurs remèdes dans des sacs
comme celui-ci, en peau non
tannée. Ils y gardaient aussi,
enveloppés dans des peaux
ou des tissus, des perles,
des os et des pierres réputés
avoir des pouvoirs spéciaux.

Art et artisanat

Les Amérindiens fabriquaient de très beaux objets, même pour un usage quotidien. Leur art et leur artisanat, aux couleurs vives et aux motifs puissants, sont aujourd'hui réputés dans le monde entier. Tout objet avait une signification spéciale pour son propriétaire, soit parce qu'il témoignait de sa vie et de ce qu'il avait accompli, soit parce qu'il indiquait sa position au sein du clan et de la tribu. Certains motifs racontaient une histoire ou établissaient un lien avec les esprits.

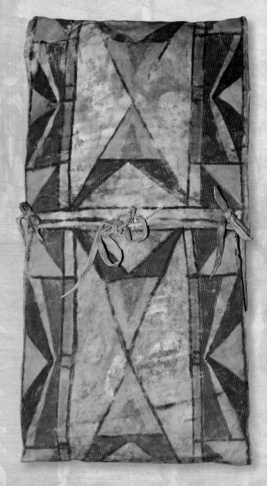

LE TISSAGE

Les Navajos du Sud-Ouest étaient réputés pour leurs couvertures chaudes et légères, aux motifs contrastés, en laine ou en coton. Ces couvertures (ci-dessous) furent offertes aux chefs d'autres peuples. Les Navajos cultivaient eux-mêmes le coton qu'ils tissaient et élevaient des moutons, introduits en Amérique par les colonisateurs espagnols.

Des motifs symboliques

Les parflèches, comme celui-ci, en peau de bison étaient souvent décorés de symboles de longue vie ou de motifs représentant les saisons. On glissait dans ces sacs en forme d'enveloppe des provisions pour les longs voyages.

Le savais-tu ?

Les enfants zunis et hopis apprenaient à distinguer les esprits auxquels croyaient leurs peuples grâce à des poupées sculptées dans des racines de peuplier ou modelées dans de l'argile.

L'art du travail des perles

Les perles étaient surtout utilisées pour décorer les vêtements et les mocassins. Les Amérindiens les taillaient à l'origine dans des matériaux naturels : coquillages, os, cornes, dents d'animaux, piquants de porc-épic, pierres ou ambre. Puis ils utilisèrent aussi des perles de verre, que les marchands européens leur vendaient. Les combinaisons de couleurs, les motifs et le point de tissage variaient d'un peuple à l'autre. Ceux des Plaines utilisaient le point peyotl, compliqué. Les créations des peuples du Nord se reconnaissaient à leurs motifs floraux.

Plastron
Ce plastron, qui ornait la poitrine, est fait de piquants de porc-épic, de perles colorées et de franges en cuir.

Tomahawk
Cette arme de guerre est richement ornée. Avant l'arrivée des Européens, la lame était en pierre taillée ; celle-ci est en métal.

Mocassins
Les mocassins, cousus dans du cuir de bison ou de la peau de daim, étaient souvent décorés de perles et de broderies élaborées.

La guerre

L es tribus amérindiennes se disputaient entre elles le contrôle des territoires les plus riches. Il arrivait aussi qu'elles partent en guerre pour venger un des leurs ou simplement pour prouver la bravoure de leurs guerriers. Ces derniers torturaient parfois leurs prisonniers. Plus couramment, ils aimaient aller voler un cheval chez l'ennemi pendant la nuit. C'était preuve de savoir-faire et de courage. Les guerriers des Plaines étaient traditionnellement armés d'arcs et de flèches, de couteaux, de tomahawks, de lances et de casse-tête.

Chef guerrier
Celui qui avait combattu avec bravoure pouvait prétendre à devenir chef, mais il devait aussi faire preuve de sagesse pour diriger les siens.

Les signes de bravoure

Les plumes qu'arboraient les guerriers tenaient le compte de leurs actions guerrières ou des actes de bravoure, appelés également «coups». Cela pouvait aussi bien être une attaque réussie sur un ennemi à mains nues ou armé d'un bâton à coups, que la capture d'un guerrier, le butin d'une arme ou encore le vol d'un cheval.

Gorge tranchée
Celui qui portait une plume dont le haut était coupé en diagonale avait tranché la gorge d'un ennemi.

Scalp
Une encoche ainsi découpée signifiait que le guerrier avait tranché la gorge d'un ennemi et emporté son scalp.

Blessures multiples
Une plume fendue indiquait de nombreuses blessures de guerre.

CHEVAUX DE GUERRE

Le sort d'un guerrier dépendait beaucoup de son cheval et celui-ci partageait les honneurs et les épreuves de son propriétaire. Ainsi, le corps du cheval arborait les mêmes peintures de guerre symboliques que le corps du cavalier.

Tenue de combat
La queue des chevaux de guerre était souvent tressée, teinte et décorée de plumes d'aigle.

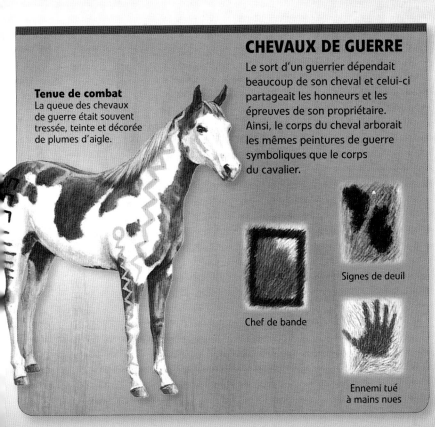

Chef de bande

Signes de deuil

Ennemi tué à mains nues

Trophée de guerre
Certains peuples prélevaient un morceau de cuir chevelu et une touffe de cheveux de leurs ennemis. Ils gardaient ainsi prisonnière l'âme de la personne.

Multiples coups
Une plume aux bords dentelés signifiait que le guerrier avait fait tomber de cheval de nombreux ennemis.

Blessure
Une plume teinte en rouge signalait que le guerrier avait été blessé à la guerre.

Ennemi tué
Le guerrier annonçait qu'il avait tué son ennemi en marquant une plume d'une tache rouge.

Le massacre de Wounded Knee
En 1890, des centaines de Sioux désarmés furent
massacrés par l'armée américaine à la veille
d'une nouvelle déportation vers le Nebraska.

Temps amers

A u XIXe siècle, les colons originaires d'Europe
s'emparèrent progressivement des terres
ancestrales des Amérindiens. En 1830,
le gouvernement américain fit voter une loi
ordonnant la déportation des Indiens à l'ouest
du Mississippi. Les colons s'installant aussi dans
ces régions, des réserves furent instituées où
les tribus devaient se tenir et où le gouvernement
souhaitait éduquer les Indiens. Ce fut la source
de nombreuses guerres.

L'ARRIVÉE DU TRAIN

Au cours des années 1860 commencèrent
les travaux pour relier par voie ferrée
les côtes est et ouest de l'Amérique du
Nord. Les immenses troupeaux de bisons
qui peuplaient les Grandes Plaines furent
alors massacrés pour libérer les terres
et pousser les Amérindiens à partir,
en les affamant.

Incroyable !

Entre 1872 et 1874, les colons d'origine européenne massacrèrent plus de 3,5 millions de bisons. En 1900, il en restait moins d'un millier dans les Grandes Plaines.

La piste des Larmes

En 1838, environ 15 000 Cherokees ainsi que des membres d'autres peuples furent chassés de leurs terres par les soldats américains et forcés de s'installer à l'ouest du Mississippi. Au cours du voyage, 4 000 d'entre eux au moins moururent de froid, de faim, de maladie ou d'épuisement.

Construire un tipi

Amuse-toi à construire une maquette de tipi avec du papier et quelques bâtons. Décore-le ensuite en t'inspirant des motifs reproduits dans ce livre.

1 Réunis les bâtons et attache-les sans trop serrer avec un élastique ou de la ficelle, à environ 6,5 cm du bout. Écarte-les pour former un triangle.

2 Pose ce triangle sur du papier brouillon et dessine les contours au crayon. Découpe le patron : voilà un côté du tipi.

3 Ouvre et déplie le sac en kraft ou utilise une feuille de papier épais. Reproduis sur ce papier la forme triangulaire de ton patron.

4 Reproduis encore trois fois le même triangle à l'aide du patron. Les triangles doivent se toucher par leur grand côté et avoir le même sommet.

5 Découpe le bord extérieur de cette série de triangles en forme de demi-parapluie. Découpe dans l'un des triangles une petite porte.

6 Décore de symboles et de motifs le côté du papier qui n'est pas marqué.

7 Plie le papier en suivant les lignes au crayon. Place les bâtons à l'intérieur des plis pour former l'armature du tipi. Fixe les bâtons avec du ruban adhésif.

8 Coupe le sommet du tipi pour que les bâtons puissent sortir. Rapproche et fixe les bords avec du ruban adhésif.

Amuse-toi bien !

Il te faut :

- ☑ 4 bâtons ou baguettes d'environ 30 cm de longueur
- ☑ Élastique ou grosse ficelle
- ☑ Papier brouillon
- ☑ Crayon
- ☑ Ciseaux
- ☑ Un grand sac en papier kraft ou une feuille de papier épais de 30 cm x 45 cm
- ☑ Feutres, crayons de couleur ou gouache
- ☑ Ruban adhésif

Glossaire

bâton à coups

bâton recourbé avec lequel les guerriers des Plaines cherchaient à toucher leurs ennemis pour prouver leur courage.

chaman

personne sachant soigner les maladies et les blessures et pouvant communiquer avec les esprits.

coiffe de guerre

coiffe traditionnelle des peuples des Grandes Plaines, formée d'un bandeau et de plumes et portée par les chefs et les guerriers les plus valeureux.

colon

personne qui s'installe dans un pays conquis.

Grand Esprit

esprit suprême qui, selon les croyances amérindiennes, régnait sur l'ensemble des esprits de la terre et du ciel.

Grandes Plaines

vaste région du centre de l'Amérique du Nord, autrefois couverte d'une immense prairie.

lacrosse

jeu de balle inventé par les Amérindiens. Les joueurs de chaque équipe doivent envoyer la balle entre les poteaux du camp adverse au moyen de longs bâtons recourbés équipés d'un filet.

langage des signes

langage utilisant des gestes au lieu de mots, qui permettait aux tribus amérindiennes de communiquer entre elles.

pemmican

sorte de petit pâté formé de minces lanières de viande séchées et broyées, mélangées avec de la graisse et des baies.

pow-wow

rassemblement traditionnel des Amérindiens, s'accompagnant de danses, de banquets et de cérémonies.

réserve

territoire, souvent impropre à l'agriculture et pauvre, délimité par le gouvernement du Canada ou des États-Unis pour y installer les Amérindiens chassés des terres où ils vivaient et chassaient depuis toujours.

tendon

tissus conjonctifs reliant des muscles aux os.

travois

véhicule de transport formé de deux longues perches traînant sur le sol, entre lesquelles était tendue une peau. Le travois était tiré par un chien ou par un cheval.

tribu

chaque peuple amérindien, les Sioux par exemple, était divisé en plusieurs tribus, occupant chacune un territoire de chasse.

Index

Crédits et remerciements

Abréviations : hg = haut gauche ; hc = haut centre ; hd = haut droite ; cg = centre gauche ; c = centre ; cd = centre droite ; bg = bas gauche ; bc = bas centre ; bd = bas droite ; ap = arrière-plan

CBT = Corbis ; CCD = Corel Corp ; iS = istockphoto.com ; SH = Shutterstock ; TF = Topfoto

Couverture : ap iS ; 1er plat c CBT ; hd Weldon Owen Pty Ltd ; 4e plat Weldon Owen Pty Ltd ; **Intérieur** : **2-3**ap iS ; **4-5**ap iS ; **7**hd iS ; **8-9**ap iS ; **9**bd iS ; **10**hd iS ; **10-11**ap iS ; **11**ap iS ; **12**bg CCD ; **12-13**c CBT ; **13**bd, cd CBT ; **14**hd CBT ; bg iS ; bd SH ; bg TF ; **14-15**ap iS ; ap CCD ; **16-17**ap iS ; **17**bd iS ; **18**hg TF ; **18-19**ap CBT ; **19**hd iS ; **20**c CBT ; **20-21**ap iS ; **21**cd CBT ; hg CCD ; **22**bc CBT ; ap iS ; **22-23**tc CBT ; **23**cd CBT ; ap, hd iS ; **24**bg CBT ; bg iS ; hd SH ; **24-25**ap CBT ; ap iS ; **25**bc, ap, hg CBT ; bc, cg, cd iS ; cd SH ; **26**hg iS ; **26-27**ap iS ; **27**hg iS ; **28**bd, bd iS ; hg TF ; **28-29**ap iS ; **30**cd CCD ; **31**ap iS ; **32**ap iS

Toutes les autres illustrations copyright © Weldon Owen Pty Ltd